LEMBRANÇAS

Primeiras poesias

Vana Miletto

Capa: Moshe Goldenberg

Dedico meu primeiro livro de poesias à pessoa que me construiu. Seu espírito guerreiro e sua alma generosa nos deixaram seu maior legado: o amor incondicional aos filhos e ao esposo, minha amada mãe Maria Izabel.

Aos meus amados filhos: Filipe, Isaque, Arthur e Rômulo, rapazes valentes que compartilharam comigo todas as dores dos momentos amargos que vivemos. Embora não tendo o modelo masculino presente em suas vidas, estão se transformando em verdadeiros Homens.

PREFÁCIO

Foi com muita alegria e satisfação que aceitei o convite para fazer a apresentação do livro de poesias "Lembranças: Primeiras Poesias", da estimada aluna Vana Miletto, do Curso de Comércio Exterior da Faculdade de Tecnologia de Itapetininga/SP.

Escrevo este prefácio com imenso prazer e por vários motivos: primeiro, pela admiração e respeito pela estudante, que sempre demonstrou uma postura respeitosa e ética para com seus professores e colegas; segundo, pelo incessante trabalho voltado à leitura e à escrita que todos os professores tanto têm realizado; e, ainda, pela formação humanística dos nossos educandos.

Lembro-me de tê-la incentivado a levar a termo essa empreitada, e aí está uma obra que é um misto de saudade e lembranças da sua querida mãe, a qual a deixou tão prematuramente.

Outra face das suas composições relata a família, o amor, os amigos e seu dia a dia tão recheado de romantismo e esperança, entre um ir e vir de sonhos, de vida, de alegria, entusiasmo e, principalmente, de inspiração.

Os leitores logo perceberão a capacidade magistral da autora em envolver laços familiares como condição essencial para a felicidade e, também, pela sua inteligência, sensibilidade e, principalmente, por ser uma mulher valente.

Agradeço a alegria proporcionada pela leitura dos originais; assim pude, antes do público leitor, encantar-me com o que está escrito aqui.

Profa. MSc. Eva Fagundes Weber.

Formada em Letras pela UNICRUZ/RS, Mestrado em Educação (UNG). Mestrado em Linguística Aplicada e Estudos da Linguagem (PUC/SP)

ÍNDICE

PEDAÇOS

Dor da saudade,
dor da partida.
Dor da ausência,
dor da despedida.

Medo do medo,
medo da vida.
Medo dos sonhos,
dos sonhos da ida.

Saudade da vida,
da vida já ida.
Saudade da vida,
um dia vivida.

Medo da ausência,
da ausência da vida.
Medo da vida,
Não mais vivida.

Tristeza da vida,
da vida partida.
Tristeza partida,
da partida da vida.

Desassossego da alma,
da alma doída.
Da alma doída,
da vida tolhida.

Tolhida a vida,
Da pessoa querida.
Deixando saudade
e uma alma ferida.

Uma alma ferida,
Outra alma já ida.
Uma alma partida,
Outra alma perdida.

Perdida na dor,
Na dor da despedida.
Encontrada com cor
No clarão de outra vida.

Despedida ferida,
lembrança da vida.
Ferida doída,
lembrança querida.

Querida a lembrança.
Lembrança da vida.
Da vida querida
das almas nascidas.

Nascidas, crescidas,
Crescidas vividas.
Nascidas pra vida
e crescidas pra ida.

Vida da alma
Alma da vida
Almas irmãs
Almas amigas

Almas amadas
Irmãs de outras vidas,
Uma alma a mãe
Outra alma a filha.

Homenagem à minha amada mãe Maria Izabel de Souza, um diamante raro que hoje brilha em outra dimensão.
Com profundo amor e imensa saudade,

Vana Miletto 17/10/2013

MARIA DO MORRO

Água abundante,
jarro vazio.
Alma errante,
rosto sombrio.

Povo sofrido,
gente doente.
Rosto abatido.
Pobre vivente!

Criança feliz,
mãe descontente.
Pai infeliz,
filha carente.

Geladeira vazia,
corpo doente.
Alma temia
morte evidente.

Triste viveu,
dia após dia.
Alma doeu.
Vida queria!

Mesmo sem nada,
força ela tinha.
Mãos calejadas
barraco faria.

Subiu o morro,
pedaço de chão.
Sorriso no rosto,
bateu coração.

Pregos e tábuas,
martelo na mão.
Barraco ajeitado,
fogueira no chão.

Criança crescia,
mãe trabalhava.
Pai só bebia,
mãe só chorava.

Doença chegou,
mãe sofreria.
Pai sussurrou
perdão que queria.

Mãe perdoou,
criança cresceu.
Adulta virou.
Mãe venceu!

No morro morou,
do trabalho viveu.
Família formou
e muito sofreu.

Um sonho ainda tinha:
a filha formar.
Trabalhou, batalhou
para a filha estudar.

Maria feliz,
filha formada.

Uma lousa e um giz,
Com orgulho falava:

Ela é professora,
o mundo vai mudar.
Valeu a pena viver.
Valeu a pena lutar!

CICLO

Brotei de um grotão
e para o céu eu subi;
Por lá passeei
e depois eu desci.
Desci e reguei
muitas plantas que vi;
Depois eu virei
vapor e sumi.
Fiquei solta nos ares
e por lá me perdi;

Encontrei muitas gotas
paradas aqui.
Pesada fiquei
e pesada eu caí;
A força era tanta,
que rios explodi.
Alaguei muito espaço
e gente eu vi
chorando e gritando,
fugindo de mim.
Fiquei muito triste
e de tristeza parti;
Passei por um cano
e na torneira saí.
Da torneira para o copo,
mais uma etapa venci;
Alimentei mais um corpo,

dos muitos que vi.
O corpo ficou forte
e assim eu sorri;

Passeei por canais e veias
e por fim eu saí.
Em um vaso estranho,
sofrida caí;
Passeei por outros canos
e num rio eu saí.
Juntei-me a outras águas
e ali eu vivi;
Descansei mais um pouco,
pois sairia dali.

Desaguei lá no mar,
e ali eu sorri;
Dei mais vida aos peixes
que viviam ali.
Ali eu fiquei
e dali não saí;
Abracei muitas águas
e alegria senti.

DOR

A saudade é como o fogo,
Queima e arde sem parar.
Quando apaga é só cinzas,
E o vento a espalhar.

A saudade é como a água,
Invade sem avisar,
Quando passa leva tudo,
Nem dá tempo de chorar.

A saudade é como o vento,
Arrasta tudo e solta ao ar.
Quando termina,
é só o tempo Para a dor acalentar.

A saudade é como a terra,
Se mantém firme ao chão.
É pisada, é judiada,
Dói, machuca o coraçao.

A saudade é fogo que corrói,
é enxurrada que destrói.
Saudade é vento, é furacão,
ela é terra, é o chão.

PALAVRAS

Palavras têm força e vida,
Enaltecem e fazem chorar.
Mudam vidas, fazem rimas,
Levam à morte e ao altar.

Palavras, somente palavras,
escritas ou soltas no ar.
Fazem estragos, mudam a história
e o que resta é só pesar.

Palavras bem proferidas
acalentam e tiram a dor.
Estancam sangue, curam feridas,
sossegam, espalham amor.

Palavras não bem ditas
atacam com furor.
Incendeiam, soltam chamas,
consomem, destroem o amor.

Palavras bem ensaiadas,
vez em quando podem enganar.
Deixam corações desarraigados,
e uma alma a vagar.

Palavras ditas com sinceridade
convertem almas famintas.
Matam a sede, mostram a verdade
e apascentam toda a fadiga.

Palavras ditas brandamente
soam como músicas do mar.
Alegram a alma descontente,
aliviam e fazem sonhar.

Palavras têm grande poder,
tanto escritas, como soltas no ar.
A escrita nunca é esquecida, a
s ditas, para a boca não podem voltar.

LENTAMENTE

Rápido andei
E tão breve não cheguei
Tantas coisas abracei,
Muito pouco carreguei.
Muitas coisas enxerguei,
Poucas delas eu guardei.
Quantas coisas programadas,
Somente parte delas realizadas.
Tanto corri e o tempo não venci.
Tanto idealizei, lutei
e o mundo não transformei.
Hoje caminho devagar,
Sem a pressa a me atrapalhar.
Com o tempo me preocupei
E com ele me transformei.
Trabalhei, estudei Chorei, cansei.
Cá estou eu agora,
Com projetos na memória,
Se envelheci, ainda não sei,
Se é tarde, também não pensei.
Porém ainda é certo,
Estou mais lenta e não me aquieto.
Tenho muito a fazer
E tanto a oferecer.

PRINCÍPIO, MEIO E FIM

Joelhos engatinham,
braços apoiam.
Pés se arrastam,
mãos se tocam.

Mãos que trabalham,
Olhos que leem,
Pés que caminham,
Olhos que veem.

Mãos que escrevem,
Corpos que sentem.
Mãos que carregam,
Lábios que mentem.

Pés que suportam,
Cabeça se rende.
Mãos que tocam,
Corpos se vendem.

Olhos se fecham,
Corações se abrem.
Mãos se entrelaçam,
Corpos se despem.

Ouvidos escutam,
Corações desobedecem.
Bocas duvidam,
Mentes esquecem.

Olhos que choram,
Mão
s acalentam.
Lábios se calam,
Corpos se embalam.

Cabeça se abaixa,
Corpos não mentem.
Rostos expressam
Dores que sentem.

Olhos disfarçam,
Mentes se fecham.
Bocas declaram,
Pés desfalecem.

Corpo envelhece,
Mente se acalma.
Corpo fenece,
Boca se cala.

GUERNICA

Cheguei em Guernica,
em Guernica cheguei.
Parei, olhei e chorei.

A multidão ali estava.
Minha alma queimava.
O coração disparava.

Pessoas sem o corpo inteiro,
Forte o cheiro,
Sem bombeiro.

Pedaços ao ar,
Tristeza sem par,
Boca a calar.

De Guernica saí,
Horrores não esqueci,
Do caos que vivi.

Na humanidade descri,
Da guerra fugi,
Das cinzas renasci.

Inspirada na aula de Fundamentos de Português ministrada pela professora Nathalia, no curso de Comércio Exterior da Faculdade de Tecnologia de Itapetininga.

DESALENTO

Seu amor me acalma
Seu sorriso me conforta
Seus conselhos alentam minha alma
Seu abraço me transforma.

Perto de ti, sei quem sou
Longe de ti, vago sem rumo
Perto de ti, sei aonde vou
Longe de ti, saio do prumo.

Perto de ti, volto a ser criança
Longe de ti, não sou ninguém
Perto de ti, tenho esperança
Longe de ti, o sono não vem.

Perto de ti, não sinto medo
Longe de ti, eu sinto dor
Perto de ti, não tenho segredo
Longe de ti, não tenho amor.

Perto de ti, tenho segurança
Longe de ti, o mal me alcança
Perto de ti, seu sorriso me acalma
Longe de ti, sinto dor na alma.

Perto de ti, sinto alento
Longe de ti, tudo é tormento
Perto de ti, a vida é prosa
Longe de ti, espinho de rosa.

TE AMO

A chuva está caindo,
a paisagem, em meio à névoa, sumindo.
O barulho das águas nas árvores arrebentando,
A saudade de ti, dilacerando.
Ouço atentamente cada gota d'água cair ao chão.
Fecho os olhos, pego seu retrato
e aperto ele junto ao coração.
Na solidão do meu quarto,
tento não ficar triste.
Mas no silêncio da noite
a saudade de ti insiste.
Não tem como não pensar em você
e no seu sorriso
porque ao ver suas roupas,
suas fotos, sua cama, suas bonecas,
as nossas lembranças eu revivo.
Tudo lembra você: as flores, as plantas, o perfume
das rosas, o canto dos pássaros.
Parece que tudo, tudo mesmo, tem você.
Sinto uma saudade inenarrável
do som da sua voz,
Do seu olhar e do seu calor.
Nem mesmo o tempo,
A distância dos nossos mundos,
Diminuirão por ti o meu amor.

IDENTIDADE

Sem você fiquei perdida
envolta nos meus pensamentos,
sem rumo e direção.
Naquela madrugada,
que parecia não acabar,
me senti caindo
no mais profundo abismo sem fim.
Quis dormir para depois acordar e perceber que
tudo não passava de um pesadelo horrível.
Tudo parecia desabar,
quis chorar, mas faltaram lágrimas.
Quis gritar, mas faltou voz.
Quis correr, faltaram-me pernas.
Quis quebrar tudo, faltaram-me forças.
Queria colo e abraço naquele momento,
Porém acabara de perdê-los.
Pela primeira vez na vida,
senti de fato o que é dor
e compreendi o significado
das palavras: intensidade, tristeza, para sempre e nunca mais.
Os dias se passam, a saudade aumenta.
Sinto falta do seu sorriso,
sinto falta da sua voz.
Sinto falta do seu abraço.
Sinto falta das suas broncas,
do som do seu dedilhado nos teclados do órgão.
Sinto falta do barulho dos seus passos pela casa, particularmente
quando acordava e andava arrastando os

chinelos no chão do quintal.
Sinto falta do seu cheiro,
sinto falta das nossas vidas.
Cheguei a acreditar que eu tinha o poder de te acordar.
O tempo continua a correr
e hoje sinto que quanto mais ele passa,
mais tenho a certeza
de que você não vai voltar
e que só a terei em meus pensamentos,
nas minhas lembranças,
nas fotografias
e no meu coração.

CONTRASTES

Vida:
prisão da alma.
Morte:
libertação do espírito.
Vida:
presença da matéria.
Morte:
ausência do corpo.
Vida:
desperdício do tempo.
Morte:
relógio sem ponteiros.
Vida:
canto descompassado.
Morte:
coral harmonioso.
Vida:
inquietude da carne.
Morte:
alento da alma.
Vida:
ausência do tudo.
Morte:
presença do nada.
Morte morte,
Vida vida.
Vida morte,
Morte vida.

VOCÊ

Nasci de você,
Pra você eu sorri.
Cresci pra você,
Com você eu vivi.
Vivi pra você,
Pra você eu corri.
Cantei com você,
Por você, sobrevivi.
Orei por você,
Ao ver-te ali.
Chorei por você,
Ao deixar-te partir.
Sofri por você,
Ao deixar-te ali.
Sofri sem você,
Sem você eu morri.

SAUDADES

Saudades dos teus olhos,
Risonhos de sonhos.
Saudades dos nossos olhares,
Soltos nos ares.
Saudade de seu abraço,
Envolvente como o laço.
Saudades da sua voz,
Que envolvia todos nós.
Saudade do seu dedilhado,
Ao embalar cânticos no teclado.
Saudades do seu amor,
Tão puro como a flor.
Saudade do seu cheiro
E dos seus grisalhos cabelos.
Saudade do seu bem querer
Que nos fazia viver.
Saudades...
Saudades...
Saudades...

DESEJOS

Quantas palavras ditas
e tantas outras para dizer
Quantas vidas já vividas
e quantas outras pra viver.

Quantos sonhos desejados
e tão poucos realizados.
Quantos desejos escondidos
e outros tantos não vividos.

Quanto tempo ao seu lado,
e tantos outros almejados.
Quantas vezes te amando,
e quantas outras te esperando.

Quantos projetos de vida,
e agora ter que suportar sua partida.
Quantos planos nós traçamos
e justo agora nos separamos.
Quantas lágrimas você derramou,
e agora o tempo tudo curou.
Quantos dissabores você viveu,
e hoje todos eles você venceu.

VERSOS SOLTOS

Tempo solto,
tempo vivido.
Coração despedaçado,
coração partido.
Corpo cansado
dos dissabores da vida.
Alma feliz
pela chance de outra vida.
Olhar perdido,
no infinito do tempo,
Palavras soltas,
embaladas ao vento.
Lágrimas que descem
e caem ao chão,
Ferida aberta,
tristeza no coração.
Duas dimensões,
Duas almas,
dois corações.
Posso te sentir,
Mas não consigo te ouvir.
Quero te abraçar,
Mas não sei te enxergar.
Desejo teu abraço,
Mas para isso, o que faço?

INQUIETUDE

Sou uma alma inquieta,
um espírito inconformado.
Uma matéria dominada pelo princípio da dúvida.
Não me satisfaço com uma única resposta.
Busco o oculto,
me aventuro no inexplicável.
Meu pensamento não se prende à ignorância.
A justiça me fortalece,
A escravidão do espírito me incomoda.
Acordo livre todas as manhãs,
E adormeço na mais complexa solidão.

REDENÇÃO

O tempo é remédio,
O tempo é poder.
O tempo é um tédio,
O tempo não é querer.

A saudade é uma ferida,
A saudade faz doer.
A saudade é inimiga,
A saudade faz desvanecer.

A tristeza é um vazio,
A tristeza é um mal querer.
A tristeza é como delírio,
A tristeza é padecer.

A vida é uma jornada,
A vida é um amanhecer.
A vida é o tudo e o nada,
A vida é o anoitecer.
A morte é a dor da alma,
A morte é o oposto do viver.
A morte traz a perda da calma,
A morte é um escurecer.

A ausência é um vazio,
A ausência é pesar.
A ausência é nome sombrio,
A ausência é o não estar.

A dor da alma é inexplicável,
A dor da alma é o não ter.
A dor da alma é inenarrável,
A dor da alma é o fenecer.

A esperança é como um vento, uma tempestade,
A esperança é o sol, a luz e o esplendor.
A esperança é um infinito de bondade,
A esperança é a paz, é a alegria e o amor.

UMA PRECE

No silêncio da noite, fui fazer minha oração,
Ao tentar orar o Pai Nosso,
a tristeza invadiu o meu coração.
Nem ousei concluir,
pois bem sei que não posso.
Como pedir que a sua vontade seja feita,
Se, na realidade, quero a minha satisfeita?
Como implorar seu perdão,
se nem ao menos consigo perdoar o meu irmão?
Me ensina, Senhor, a perdoar para ser perdoado.
Me ensina, Senhor, a amar para ser amado.
Me ensina a viver,
Me ensina a sonhar.
Me ajude a perder,
Me ajude a te honrar
Pra que eu possa morrer,
Pra que eu possa te encontrar.
Eu quero viver,
eu quero te honrar
Para um dia te ver,
e eternamente te amar
À noite, quando me deito,
sinto o calor da tua presença.
Tua paz invade meu peito,
renasce em mim a esperança
De um dia os meus joelhos poder dobrar,
E sentir a sua luz brilhar no meu coração.
Quero ser um bom cristão

e de verdade saber orar
Aprender a dar e a receber o perdão
Me dê a sua mão e me ajude a caminhar.
Esteja comigo aonde quer que eu vá
E me prepara para contigo um dia eu estar
Me ensina a viver
Me ensina a sonhar
Me ajude a perder
Me ajude a te honrar
Pra que eu possa morrer
Pra que eu possa te encontrar.
Eu quero viver,
eu quero te honrar
Para um dia te ver
e eternamente te amar.

AS QUATRO ESTAÇÕES

Quando a primavera chegar
Vou colher as mais belas flores.
Vou colocá-las no vaso da sala de estar
E enfeitar com tecidos de várias cores.

Só pra te ver feliz,
Só pra te ver cantar.
Só pra te fazer sorrir,
Só pra te fazer sonhar.

Quando o verão retornar,
Vamos passear num lugar sossegado.
Não quero vê-la se cansar,
Só quero tê-la ao meu lado.

Só pra não vê-la partir,
Só pra eu não chorar.
Só pra fazê-la sorrir,
Só do teu lado ficar.
Quando o outono te envolver
Com a brisa fina e molhada
Não quero vê-la sofrer
Quero que se sinta amada.

Só quero que esteja aqui,
Só quero te abraçar. S
ó matar a saudade de ti,
Só poder te afagar.

Quando o frio do inverno surgir
E quiser teu corpo envolver,
Quero contigo partir,
Quero em meus braços te ter.

Só pra vê-la sorrir,
Só pra sentir seu olhar.
Um dia terei que partir,
Só pra poder te encontrar.

DESABAFO

Não questiono sua decisão,
Só não concordei com ela.
Não duvido da sua existência,
Só queria que aparecesse naquele momento.
Não desacredito em milagres,
Porém não tive o privilégio de recebê-lo quando eu mais queria.
Não ignoro a vida após a morte,
Só queria Sua permissão para vê-la de vez em quando.
Não desaprovo seus caminhos,
Só os acho muito dolorosos.
Não compreendo seus desígnios,
Mas queria ser mais sábia.
Não entendo as provações e os sofrimentos, Só
queria saber por que eles aparecem.
Não critico suas escolhas,
Só queria entender a lógica delas.
Não desacato suas ordens,
Só não queria cumpri-las.
Não conheço suas moradas,
Mas quero nelas poder entrar.
Não duvido do poder da fé,
Só queria que a minha não deixasse ela partir.

GRATIDÃO

Senhor, eu te agradeço por ter dado a
chance para o meu filho viver.
Te agradeço por poupar-me da dor profunda
de entregar-te um filho.
É muito triste saber que outra mãe morre aos poucos
por estar vivendo o luto do qual me poupaste.
Imagino que sofreste ao entregar Seu filho para nos salvar.
Imagino o sofrimento da Virgem Maria ao ver
seu filho ser pregado com vida na cruz.
O Senhor não poupou Jesus da dor e do sofrimento
em nome de um ideal maior:
ensinar o amor e o perdão à humanidade.
E, em nome desse amor,
sacrificou a ovelha mais preciosa:
o Cordeiro de Deus,
Que nos tornou irmãos
e herdeiros do maior tesouro:
Uma nova vida após a morte.
Vida que desconhecemos,
mas cremos.
Creio na imortalidade da alma,
creio na eternidade do espírito.
Creio em Deus,
creio em Cristo,
creio na Virgem Maria.
E por tudo que me faz,
obrigada, Senhor.
Obrigada por cuidar de mim e dos meus filhos,

Obrigada pela vida,
obrigada pelos filhos e pela família,
Obrigada pelo emprego,
obrigada pela casa,
obrigada pelo carro,
Obrigada pela saúde,
obrigada pelo bom alimento,
Pela boa cama,
pelo bom cobertor,
Obrigada pelas roupas e pelo calçado.
Obrigada por nunca ter desistido de mim.
Muito obrigada pela mãe maravilhosa que me deste por 45 anos.
Obrigada por não tê-la tirado de mim quando eu era criança
E, por esse motivo,
hoje estou aprendendo a ser mãe.
Obrigada por deixar-me chamá-lo de meu Pai,
Obrigada por me ouvir em qualquer hora
do dia, da noite ou madrugada.
Obrigada Senhor,
mil vezes obrigada!

A ESCOLA

Quem conhece essa escola,
Sabe o que eu vou contar.
Foi ali que joguei bola
E ali aprendi a cantar.
Fiz ali a primeira cola,
E ali aprendi a sonhar.

Na calçada da escola
Muita gente intrigante,
Novo e velho de sacola,
Vendedores ambulantes.
Certo dia, um pediu esmola
Em tom alto de berrante.

Uma senhora diferente,
De porta em porta vende frango.
Vez em quando sorridente,
Passo a passo, feito tango.
Um sorriso, poucos dentes,
Vende frango e salva o rango.

O tio do cachorro quente,
Todo dia, ai que folia!
Pão, salsicha, purê quente,
Molho e fritas eu comia.
E o gelinho, ai meu dente!,
Nem importava se doía.

Dona Dulce, merendeira,

De todos muito bem cuidava.
Lanchando sentados na cadeira.
Ah, como ela nos amava.
Após a hora derradeira,
Na saída nos olhava.

O porteiro, Sr. Hélio,
Cuidava pra ninguém fugir.
Tão ligeiro, qual coelho,
Ao flagrar fazia rir.
Uma bronca, um conselho,
E ninguém mais se distrair.

E o professor Antônio Carlos,
Aula de arte, pura emoção.
Pinta, dança, pula e rola,
No toque do seu violão.
Que delícia ir pra escola,
Aula de arte, uma canção!

Cada música, cada verso,
E nenhum olhar disperso.
Entrava ano, saía ano,
E o som do seu piano,
Sua música e canção.
Hoje vivem no coração.

A D. Lilian, que beleza!
Com ela não tinha tristeza.
Ensinava com paródias mil,
Fato histórico do Brasil.
Muita música e história,
Hoje todas na memória.
Nada, nada eu esqueci,
Dos momentos que vivi.

Professor Ubaldo, que gatão!

A matéria não sei, não.
Mas o belíssimo vozeirão,
Ainda abala coração.
Ciências é o que lecionava,
Mas no seu perfume eu focava.
E do assunto que ele tratava,
Na ignorância eu ficava.

E o Fidel, nome de ditador,
Não era o Castro, eu sabia.
Era o mais belo professor
De história e sociologia.
Zé Fernandes, de português,
Das leituras ninguém fugia.
Se errássemos, vez por vez,
Com carinho corrigia.

E o belo inspetor,
Rubens, Rubinho, Rubão.
Atualmente professor,
Bom amigo, grande irmão.
Com ele, difícil cabular,
Também difícil estudar.
Com sua voz e seu olhar,
Fazia coração disparar.

Dona Olga, que dureza!
Pra ninguém dava moleza.
E do Neto, fanfarrão,
Só se via o barrigão.
Petito, geometria,
Que beleza eu dizia!
Matemática, testa eu franzia
E aprender não conseguia.

Professora Aparecidona,
Olhar altivo e de prontidão.

Quem esquecia a lição,
Levava logo um bofetão.
Lousa e giz ela usava,
Mas coitado do nariz,
Em sua mão apagador virava.
E ninguém pedia bis.

Sr. Mario, geografia,
Sempre, sempre que podia
Uma frase repetia
Meu sapato velho, ele dizia.
Ai meu Deus, Virgem Maria!
E assim a testa franzia,
Um sorriso vitoriano
E olhar bem italiano.

Agnaldo, matemática,
Com o seu cálculo mental
A todos nós ensinava
E ainda fazia o social.,
Com as piadas que contava.
Muitos riam de passar mal.
Que matemática legal,
Era aquela, afinal.

Naquela época eu era aluna,
Seu Alcides professor.
Ainda estudo e sou professora,
Ele agora é diretor.
Renato da secretaria
Mais parecia contador,
Naquele tempo não sabia
Que seria um professor.

Fátima ela se chamava,
Faxineira era sua função.

Dia a dia estudando,
Mudou logo a profissão.
Ser professora lograva,
Estava em seu coração,
Para o concurso estudou,
Professora efetiva, se aposentou.

Professora interessante era a Luzia,
Passavam-se anos e não envelhecia.
Todo ano ela trazia
Em seu rosto a magia.
Tinha duas professoras
Que recordo com carinho.
Ambas boas lecionavam,
No então saudoso prezinho.

Nomes impossíveis de decifrar,
Rosto e jeito, fácil relembrar.
Uma, cabelos curtos, pele morena.
Outra, cabelos longos, voz serena.
Ambas eram do primário,
Cada qual em seu horário.
Ambas muito queridas,
Jamais serão esquecidas.

Liliane, um barato
No sobrenome tinha Rato
Também Pires e não prato.
No final, Rama mais alho.
Morena, alta e bonita
Sem nenhum laço de fita
Quando brava, ela grita
E a criançada se agita.

Ana Lucia, uma moleca,
Parecia uma boneca
Moça nova e inspiradora

Ela foi minha mentora
Tornei-me então professora
Quase sempre ela me liga.
Somos hoje grandes amigas
Isso até dá uma cantiga.

A então orientadora
Deu-me pequeno presente
Um crachá com dedicatória
O seu nome é Dona Glória
Achava que eu tinha talento
Isso é coisa de amigo.
Ainda guardo ele comigo,
Desfazer-me do crachá não consigo.

Que saudade eu levei
Da escola onde estudei.
Quem por ali passou
Certamente se transformou.
Artista, médico, doutor,
Engenheiro, dentista, professor,
Cantor, bailarina e soldados,
Todos muito bem formados.

São Paulo é a cidade,
Zona norte, o local.
Parada de Taipas, na verdade,
Ainda é um lugar legal.
E.M. General Vicente
De Paulo Dale Coutinho,
Uma escola ideal
que por ela tenho carinho.

ELOGIO À LOUCURA

Eu bem sei que não sou normal,
Louco, doido, quase anormal.
Outros dizem: ela é maluca.
Gosto disso e não confundo a cuca.
Isso é coisa de louco inteligente,
Ou então doido eloquente.
Às vezes, louco animal,
Lesado, maluco, porém leal.
Ou até maluca escritora.
Um tanto estranha compositora.
Coisa de gente que se autorretrata.
Urge levá-la ao psiquiatra.
Ruge, grita, ai que suplicio!
Ai meu Deus, leva pro hospício.

SER OU NÃO SER, EIS A QUESTÃO

Sou poeta sonhador,
Escrevo trovas sobre a dor.
Rezo e choro por amor.
Ouço o toque da canção,
Unido ao som do coração.
Na sua voz a melodia,
A saudade e a melancolia,
Ouço a voz da agonia.
Sinto um sussurro, um crepitar
E nos seus braços quero estar.
Rir das dores e amar.
Em seu colo esperar,
Isso é bom e faz sonhar.
Suas mãos a me afagar.
Assim então eu vou ficar.
Quero toda a sua ternura,
Uma luz na noite escura.
Eu te gosto, é bem verdade.
Sem pudor, mas lealdade.
Ter teu ser, eu quero ter.
Ai meu Deus, que escurecer!
Ouço a dor do padecer.

FELICIDADE

O que é felicidade?
Perguntou uma criança.
Respondi com propriedade
Que era como uma lembrança.
Sem juízo e sem idade,
Porém muita temperança

O que é felicidade?
Perguntou uma menina.
Respondi com liberdade
Que era glória genuína.
Feito ouro de verdade
Como pura seda fina.

O que é felicidade?
Perguntou-me um menino.
Respondi com seriedade
Que era ouro cristalino.
Joia rara em igualdade
Ao diamante feminino.

O que é felicidade?
Perguntou um adolescente.
Respondi que, na verdade,
Era pedra reluzente
Um topázio, raridade.
Uma pérola resplandecente.

O que é felicidade?

Perguntou-me um velhinho.
Respondi com sobriedade,
É um livre passarinho,
Sem dinheiro e propriedade,
Só a árvore e um ninho.

O que é felicidade?
Perguntou-me o professor.
Respondi com paciência
Para aquele sofredor
Que não era coisa ou ciência.
Era simplesmente amor.

O que é felicidade?
Perguntou-me o padeiro.
Respondi sinceramente
Ao mais nobre companheiro.
É uma rara semente
E não se compra com dinheiro.

O que é felicidade?
Perguntou-me o trovador.
Respondi com alegria
É a mais linda flor,
Não nasce em terra fria,
É regada com amor.

O que é felicidade?
Vou dizer, caro leitor.
É infância, é a mocidade,
É velhice, sim senhor!
É beleza e não vaidade
É a luz do sublime amor.

UM DIAMANTE DEVOLVIDO

Certo dia, me emprestastes
Uma joia mui preciosa.
Seu amor e sua ternura
Perfume de bela rosa.
Somente um olhar e um sorriso
Era entrar no paraíso.

Com muito amor eu acolhi
Essa pedra valiosa,
Em meu coração eu escondi
Essa alma generosa.
Dia a dia eu vivi
Com a pessoa maravilhosa.

Seu olhar ternura transbordava.
Seu abraço a todos acalentava.
Os quitutes que fazia
Pareciam iguarias,
Em suas mãos de Midas,
Ouro tudo virava.

Quis o Pai Poderoso
Levá-la de volta pra casa.
O Seu tesouro mui precioso,
Que outrora me emprestaste.
Tive que devolvê-la

Com muita dor e pesar.

Tudo o que é emprestado
Um dia deve ser devolvido
Tê-la mais um pouco não podia.
Joias raras que Ele empresta
De repente o ladrão roubaria.
E agora, o que me resta?

Uma
imensa saudade...

CRONOLOGIA DO AMOR

Caminhei, olhei, parei,
Meu corpo todo estremeceu.
Sorri, sentei, chorei,
Algo lindo aconteceu.
Toquei, beijei, amei,
E em seus braços me perdi.
Abracei, acariciei, sorri
E junto a ti adormeci.
Acordei, levantei, sorri,
Ao meu lado você estava.
Andei, ensaiei, falei,
Que do fundo do meu coração te amava.
Sorriu, olhou, falou,
Ao teu lado pra sempre vou ficar!
Prometeu, replicou, jurou,
A você, meu amor vou dedicar.
Afastou, andou, saiu,
E ao voltar me fez sorrir.
Abraçou, beijou, despediu,
Em seguida, te vi partir.
Te esperei e o tempo passou,
Meus cabelos branquearam.
Você jamais voltou.
Senti sua ausência e por ti sofri,
As promessas de amor,

Nunca esqueci...

OPOSTOS

Você, palmeirense,
Eu, corintiana.
Você de exatas,
Eu de humanas.
Você rude, machista.
Eu, atenciosa e feminista.
Você, peças e um jipe restaurava.
Eu compunha, escrevia e tocava.
Você católico, de educação salesiana.
Eu eclética, com ar de provinciana.
Você, muito sério,
mais velho, um tanto pessimista.
Eu, alegre, mais jovem e otimista.
Você, pelos dissabores da vida,
Tinha medo de amar.
Eu, com tão pouca experiência,
Não tive medo de meu coração te entregar.
Nos unimos e nos amamos.
Nossos sentimentos entregamos.
Eu te amei,
você me amou.
Depois fostes embora e
não mais voltou.
Você envelheceu,
eu envelheci.
Nos separamos,
não mais te vi.

PREFERIDA

Todas as noites, olho para o céu,
Admiro as estrelas, admiro o luar.
Meus pensamentos voam ao vento,
Ao anoitecer quero sonhar.
Quando o Sol desponta ao amanhecer,
Sinto o cheiro da relva molhada.
Bendigo o dia e espero o entardecer,
Quero enaltecer mais uma alvorada.
A cada dia que passa,
observo as flores,
Converso com todas elas
e aprecio seus odores.
Admiro cada planta e fruta silvestre,
Colho minhas pitangas
e agradeço em tom de prece.
E antes de sentir seu doce sabor,
Beijo folhas e galhos com todo amor.
Agradeço a oportunidade
de em meu quintal ela estar.
E assim, minha pitanga
com êxtase vou saborear.

MÃE

Mãe, palavra suave,
Que soa feito canção.
Seu olhar sereno e seu sorriso
Preenchem meu coração.
Quando em seu colo me embalava,
Feliz ali adormecia.
Ao fechar os olhos, com anjos sonhava,
Sabia que sempre de mim cuidaria.
Quando ainda criança,
Em meu coração ela plantava
Lições de amor e esperança
E em seus braços me afagava.
Enquanto de mim cuidava,
O tempo implacável correu.
Seus sonhos num canto ficava,
Enquanto se preocupava com os meus.
Cresci, casei e mãe me tornei
Os filhos nasceram
e de todos ela cuidou.
E assim estudei e me formei,
Isso foi possível porque ela me ajudou.
Além do amor dispensado,
Um imenso orgulho ela sentia,
Sem perceber que o seu corpo já cansado Logo tão cedo partiria.
Entregar-te foi a tarefa mais dolorida, Partistes
tão cedo e saudade deixou.
Em meu peito,
uma grande ferida,

Tento juntar os cacos do que restou.
Agora restam saudades e lembranças,
Da pessoa mais especial.
Trago no coração a esperança
De nos reencontrarmos no final.

QUEM ÉS TU?

Quem és tu que me procuras,
Me invades e me torturas
Com lembranças e saudades
Que tanto quero esquecer?
Quem és tu que me apertas
Com esperanças quase incertas
Não me deixas em alerta,
Quase põe tudo a perder?
Quem és tu que me acusas,
Da minha mente tu abusas
Sem licença e escusas
Quer o que de mim agora?
Quem és tu que me afliges
sem pudor e sem melindres?
Meus sentimentos tu o tinges
Em tons de tristeza e dor?
Quem és tu comandante incerto?
A mim chegas tão perto,
E o coração em desacerto
Quase para de bater?
És tu, por acaso, minha consciência?
Minha razão, minha demência?
O meu chefe, minha ciência?
Quem és tu?
Me diga agora!

QUERO ENTRAR

Sou o vento, sou tempestade,
Sou a luz e o escurecer.
Sou a vida, sou bondade,
Sou a manhã e o entardecer.

Sou a água, sou correnteza,
Sou pássaro, sou canção.
Sou arbusto, sou roseira,
Sou a leveza do coração.

Sou a força da natureza,
O terremoto, o furacão.
Sou as águas no deserto,
Sou a terra e o chão.

Sou a luz no firmamento,
O infinito, a imensidão.
Da árvore, sou a raiz,
Minha morada, o teu coração.
Às vezes, me passo por mendigo,
A espera de um pão.
Muitas vezes estou no presídio,
Esperando de ti uma oração.

De vez em quando sou criança
E a ti eu peço colo.
Vez ou outra sou um velho
E por carinho eu imploro.

Da criança, sou a inocência,
Do homem, sou a razão.
Do idoso, a paciência,
E o enfermo, eu o faço são.

Muitas vezes bato à porta
E nem sempre me deixam entrar.
Hoje escolhi você.
E no teu coração quero morar.

NASCER DO AMOR

Tantas vezes eu sonhei
E pássaro queria ser.
Para voar em céu aberto
E do alto poder te ver.

Pensei até em ser a água
Para seu corpo poder banhar.
Também quis ser eu um peixe
E você alimentar.

Queria ser botão de rosa
Para seu vaso enfeitar.
Tirar de ti versos e prosa
E seu pensamento encantar.

Queria ser o Sol de primavera
E o seu corpo aquecer.
Queria ser a lua prateada
E clarear seu anoitecer.
Queria ser os seus sonhos
E sua mente povoar.
Sentir seus lábios risonhos,
Com ternura me beijar.

EU

Sou a brisa da madrugada,
Sou o vento ao escurecer.
Sou as folhas na estrada,
Sou de alguém o bem querer.

Sou na vida uma história,
Na história mais um ser.
Sou do tempo, a memória,
Na memória vou viver.

Sou mãe, sou melodia,
Sou o acorde do violão.
Sou saudade, sou poesia,
Sou silêncio e sou canção.

Tenho sonhos, tenho medo,
Tenho raivas e desejos.
Tenho amores escondidos,
Tenho dores, tenho segredos.

Amo a vida e não temo a morte.
Segui os compassos do meu coração.
Viver é lucro e morrer é sorte,
Pois sinto a vida como doce canção.

UM ANJO

Olhar terno, sorriso manso,
Rosto sereno, e um doce canto.

Andar calmo, abraço amigo,
No coração um enorme abrigo.

Sua fala sempre calorosa,
Para você, a vida era uma prosa.

Tristeza não existia no seu dicionário,
Cansaço não fazia parte do vocabulário.

Tantos passeios, com tantas histórias.
Que hoje revivo em minhas memórias.

Você nasceu e nossa vida marcou,
Nos corações, saudade deixou.

Por onde passou só espalhou sorriso,
Feliz aquele que o teve como amigo.

Contigo eu chorei, contigo eu sorri,
E ao meu lado eu te vi partir.

Carrego em meu peito uma dor imensa,
Pela sua partida, pela sua ausência.

Quisera eu fazer o tempo voltar,
E no colo de sua mãe te ver ninar.

Cantar a vida, tocar violão,
Fazer poesia, compor canção.

Trarei para sempre em meu coração
Seu olhar amigo, seu abraço irmão.

Até breve, meu amigo,
Não sei quando te verei.
Até breve, meu amigo,
Jamais te esquecerei.

Para Kelton, um anjo que voltou para casa. Tentei expressar o meu afeto por você, a minha solidariedade à sua família e o amor quevocê e meu filho sentiam um pelo outro.

Com amor, Vana Miletto., 25/02/2014.

Contato com o Autor *vanamiletto@gmail.com*